BEI GRIN MACHT SICH IHR
WISSEN BEZAHLT

- Wir veröffentlichen Ihre Hausarbeit,
  Bachelor- und Masterarbeit

- Ihr eigenes eBook und Buch -
  weltweit in allen wichtigen Shops

- Verdienen Sie an jedem Verkauf

Jetzt bei www.GRIN.com hochladen
und kostenlos publizieren

Bibliografische Information der Deutschen Nationalbibliothek:

Die Deutsche Bibliothek verzeichnet diese Publikation in der Deutschen National-
bibliografie; detaillierte bibliografische Daten sind im Internet über http://dnb.d-
nb.de/ abrufbar.

Dieses Werk sowie alle darin enthaltenen einzelnen Beiträge und Abbildungen
sind urheberrechtlich geschützt. Jede Verwertung, die nicht ausdrücklich vom
Urheberrechtsschutz zugelassen ist, bedarf der vorherigen Zustimmung des Verla-
ges. Das gilt insbesondere für Vervielfältigungen, Bearbeitungen, Übersetzungen,
Mikroverfilmungen, Auswertungen durch Datenbanken und für die Einspeicherung
und Verarbeitung in elektronische Systeme. Alle Rechte, auch die des auszugsweisen
Nachdrucks, der fotomechanischen Wiedergabe (einschließlich Mikrokopie) sowie
der Auswertung durch Datenbanken oder ähnliche Einrichtungen, vorbehalten.

Impressum:

Copyright © 2016 GRIN Verlag, Open Publishing GmbH
Druck und Bindung: Books on Demand GmbH, Norderstedt Germany
ISBN: 9783668322073

Dieses Buch bei GRIN:

http://www.grin.com/de/e-book/342948/das-schisma-von-1054-einigung-auf-kuba

Jonas Martin

Das Schisma von 1054. Einigung auf Kuba?

GRIN Verlag

GRIN - Your knowledge has value

Der GRIN Verlag publiziert seit 1998 wissenschaftliche Arbeiten von Studenten, Hochschullehrern und anderen Akademikern als eBook und gedrucktes Buch. Die Verlagswebsite www.grin.com ist die ideale Plattform zur Veröffentlichung von Hausarbeiten, Abschlussarbeiten, wissenschaftlichen Aufsätzen, Dissertationen und Fachbüchern.

Besuchen Sie uns im Internet:

http://www.grin.com/

http://www.facebook.com/grincom

http://www.twitter.com/grin_com

Das Schisma von 1054

EINIGUNG AUF KUBA?

JONAS MARTIN
SEMINARKURS 2015/16
VILLINGEN-SCHWENNINGEN; 12.05.2016

Inhalt

1.Einleitung

Die Gnade Jesu Christi, des Herrn, die Liebe Gottes und die Gemeinschaft des Heiligen Geistes sei mit euch allen! *(2 Kor 13,13)*[1]

Mit diesen Worten aus der Bibel beginnt die gemeinsame Erklärung von Papst Franziskus und dem russisch-orthodoxen Patriarchen Kyrill I. von Moskau. In der Erklärung wird deutlich, dass beide die Spaltung der Kirche bedauern und sich eine Annäherung der beiden Konfessionen wünschen.[2] In der folgenden Arbeit werde ich zunächst den Ablauf des morgenländischen Schismas erläutern, die Annäherungsversuche in letzter Zeit beschreiben und abschließend aus meiner Sicht beurteilen, ob aus meiner Sicht die christliche Kirche eine gemeinsame Zukunft hat oder doch auf getrennten Wegen bleibt. Das Thema habe ich im Griechenland-Seminarkurs aus dem Grund gewählt, da das Schisma sich in Konstantinopel, dem heutigen Istanbul abgespielt hat. „Die Stadt" ist bis heute für die meisten Griechen sehr wichtig. Außerdem wurde mit dem Schisma die Kirchenlandschaft, auch in Griechenland, entscheidend geprägt.

2. Das morgenländische Schisma von 1054

2.1 Vorausgehende Streitigkeiten

2.1.1 Photios-Schisma

Eine der größten Spannungen zwischen der Ost- und Westkirche im Vorfeld des großen morgenländischen Schismas war das sogenannte Photios-Schisma im 9. Jahrhundert nach Christus.[3] Dieser Konflikt drehte sich hauptsächlich um die Amtsenthebung des ökumenischen Patriarchen Ignatios und die Einsetzung von Photios durch den byzantinischen Kaiser Michael III. Der Streit begann 858 mit der Ernennung des bisherigen Sekretärs des Kaisers Photios zum Patriarchen von Byzanz. Später (863) erklärte Papst Nikolaus I. Photios für abgesetzt. Dies entgegnete Photios seinerseits mit einem Konzil in Konstantinopel im darauffolgenden Jahr, in welchem er Nikolaus I. exkommunizierte.[4] Parallel zu diesem Personalkonflikt war ein weiterer Streitpunkt die Missionierung der slawischen Gebiete, insbesondere der Bulgaren.[5] Hier war der größte Streitpunkt die sogenannte Filioque-Lehre, welche besagt, dass der Heilige Geist von Vater und Sohn ausgehe. Während Photios

---

[1] http://de.radiovaticana.va/news/2016/02/12/im_wortlaut_gemeinsame_erkl%C3%A4rung_von_franziskus_und_ky-rill/1208118 (01.05.2016)

[2] Vgl. http://www.zeit.de/gesellschaft/zeitgeschehen/2016-02/havanna-papst-franziskus-russisch-orthodoxe-kirche-kirill (01.05.2016)

[3] Vgl.: Bayer, Axel: Spaltung der Christenheit. Das sogenannte Morgenländische Schisma von 1054. Beihefte zum Archiv für Kulturgeschichte Heft 53. Köln 2002. Seite 18

[4] Vgl. https://villingen-schwenningen.brockhaus.de/brockhaus/photios (01.05.2016)

[5] Vgl.: Bayer, Axel: Spaltung der Christenheit. Das sogenannte Morgenländische Schisma von 1054. Beihefte zum Archiv für Kulturgeschichte Heft 53. Köln 2002. Seite 19

diese Lehre für falsch befand und daraufhin die päpstlichen Missionare „des Abfalls vom Glauben bezichtigte".[6] Im Gegenzug warf auch Nikolaus I. den Griechen eine deutliche Abweichung von der christlichen Lehrmeinung vor. Zudem war man sich uneins, welcher Kirche die missionierten Gebiete zuzuordnen sind. Durch die Ermordung Michaels III. und die Wiedereinsetzung Ignatios durch ein erneutes Konzil in Konstantinopel entspannten sich die Verhältnisse zwischen Rom und Konstantinopel wieder. Bulgarien wurde hier eindeutig dem Patriarchat von Konstantinopel zugeordnet.[7] Die endgültige Versöhnung der beiden Kirchen wurde im Rahmen eines weiteren Konzils 879 vollzogen. Im Zuge dessen wurde Photios wieder zum ökumenischen Patriarchen ernannt und man einigte sich darauf, dass die Filioque-Lehre Ketzerei sei.[8] Die Annährung erfolgte aber hauptsächlich aus dem Grund, dass sich beide Kirchen sich durch die Araber bedroht fühlten und der Papst auf die militärische Hilfe Byzanz angewiesen war.[9]

2.1.2 Weitere Differenzen zwischen Ost- und Westkirche

Neben den „machtpolitischen"[10]Auseinandersetzungen um das Jahr 880 gab es noch weitere Gründe für das Auseinanderdriften der beiden Kirchen. Zum einen ist hier die Sprachbarriere zu nennen. Während in der Ostkirche Griechisch gesprochen wurde, war im Westen Latein die verbreitete Sprache. Aufgrund dessen waren im Austausch zwischen den Kirchen immer Übersetzer notwendig.[11] Die größten Unterschiede wurden jedoch in der Auslegung des Glaubens deutlich: Beim Thema der Erlösung berief sich die Ostkirche auf Athansios von Alexandria („Gott wurde Mensch, damit wir vergöttlicht werden."). Damit sahen sie den Tod und Auferstehung von Christus als Befreiung der Menschheit von Tod und Sünde und Jesus als Sieger über die Erbsünde.[12] Der Mensch wurde durch die Befreiung wieder gottähnlicher, seinem Ursprung entsprechend („Lasst uns Menschen machen nach unserem Bilde, (...)" [Genesis 1,26]). Im Westen jedoch sah man die Leiden Christi als Aufnahme der Sünden der Menschen durch Jesus, was nötig war, da jeder Mensch automatisch mit der Erbsünde Adams ‚angesteckt' ist. Der Mensch wurde hier nicht vergöttlicht, lediglich schuldfrei.[13]

---

[6] Bayer, Axel: Spaltung der Christenheit. Das sogenannte Morgenländische Schisma von 1054. Beihefte zum Archiv für Kulturgeschichte Heft 53. Köln 2002. Seite 19

[7] Vgl.: https://villingen-schwenningen.brockhaus.de/brockhaus/photios (01.05.2016)

[8] Vgl.: http://downloads.bistummainz.de/22/2143/1/9716765518858149412.pdf (01.05.2016)

[9] Vgl.: Bayer, Axel: Spaltung der Christenheit. Das sogenannte Morgenländische Schisma von 1054. Beihefte zum Archiv für Kulturgeschichte Heft 53. Köln 2002. Seite 19f.

[10] Fischer, Helmut: Christentum. DuMont Schnellkurs. Band 525. Köln 2001. Seite 71

[11] Vgl.: Fischer, Helmut: Christentum. DuMont Schnellkurs. Band 525. Köln 2001. Seite 70f.

[12] Vgl.: http://downloads.bistummainz.de/22/2143/1/9716765518858149412.pdf (01.05.2016)

[13] Vgl.: http://downloads.bistummainz.de/22/2143/1/9716765518858149412.pdf (01.05.2016)

Zudem herrscht bei einigen Theologen der Westkirche die Ansicht, dass nicht Gott, sondern die Gnadenmittel der Kirche den Menschen das Heil bringt.[14] Weitere Streitpunkte waren die schon angesprochene Filioque-Lehre sowie unterschiedliche Traditionen beim Zölibat von Priestern, Fasten und Kommunion.[15]

2.2 Entwicklungen im Vorfeld von 1054

Nach diesem zwischenzeitlichen Schisma und einem weiteren Konflikt unter dem Patriarchen Sergios II. kam es wieder zur Annäherung zwischen den beiden Kirchen. Im Zuge dessen erkannte Papst Johannes XIX. 1025 ein byzantinisches Erzbistum in Süditalien an, während er ebenfalls ein Bistum dort direkt unter die Aufsicht Roms stellte. Dies zeigt eine gewisse Toleranz der beiden Kirchen zueinander.[16] Die Einheit der Kirchen war für beide in dieser Zeit sehr wichtig, um den zunehmenden muslimischen Einfluss auf Sizilien zu minimieren, sowie Einheit gegenüber langobardischen Aufständen (ebenfalls Süditalien) zu demonstrieren. Dies war besonders notwendig, da die Langobarden sich mit den Normannen einen starken Bündnispartner gesucht hatten. [17]

Zu einer Wende in der Annäherungspolitik der beiden Kirchen kam es mit der Investitur von Leo IX. im Jahr 1049. Er war ein Vertreter der sogenannten Reformbewegung, welche Ansichten vertrat, die vor allem bei den Themen Zölibat und päpstliches Herrschaftsanspruchsgebiet Konfliktpotenzial besaßen.[18] Insbesondere bei letzterem versuchte er einen größeren Einfluss auf die, bis dato byzantinischen Gebiete, zu nehmen. So ernannte er Humbert von Silva Candida, welcher später als Gesandter von Leo IX. in Konstantinopel noch eine wichtige Rolle spielen wird, zum „Erzbischof von Sizilien" und nahm 1051 ein Hilfegesuch der Bevölkerung des Fürstentums Benevent an, welches unter akuter normannischer Bedrohung stand. Aufgrund Hoffnungen Leos eine friedliche Lösung mit den Normannen zu erzielen, versagte er für Argyros, den römischen Gouverneur für die byzantinischen Gebiete, die Hilfe. Auch nachdem er einsehen musste, dass er keine Einigung mit den Normannen erzielen kann, versuchte Leo lieber militärische Unterstützung von mehreren nord-europäischen, aber auch italienischen Herrschern, beispielsweise von Heinrich III. (Kaiser des HHR) oder Heinrich I. (König von Frankreich), zu erhalten. Diese blieb ihm größtenteils verwehrt, aber er ging

---

[14] Vgl.: Fischer, Helmut: Christentum. DuMont Schnellkurs. Band 525. Köln 2001. Seite 72
[15] Vgl.: http://downloads.bistummainz.de/22/2143/1/9716765518858149412.pdf (01.05.2016)
[16] Vgl.: Bayer, Axel: Spaltung der Christenheit. Das sogenannte Morgenländische Schisma von 1054. Beihefte zum Archiv für Kulturgeschichte Heft 53. Köln 2002. Seite 49/50
[17] Vgl.: Ebenda. Seite 53-55
[18] Vgl.: Ebenda. Seite 53

weiterhin keine Allianz mit Argyros ein. Dies lag daran, da er fürchtete, dass ein „gemeinsames erfolgreiches militärisches Vorgehen"[19] die byzantinische Herrschaft in Süditalien stärken könnte und so die Rückgewinnung der ehemaligen Gebiete in Zukunft erschweren könnte. Nach vielen weiteren Versuchen, westliche Helfer zu gewinnen, ging Leo 1053 doch das Bündnis mit Argyros ein und nahm hierfür sogar Kompromisse hinsichtlich der Glaubensauslegung in Kauf. Aufgrund dieser Kompromisse kann angenommen werden, dass das Verhalten Leo IX. nicht direkt zur Trennung geführt hat, jedoch kann das Zögern hinsichtlich der militärischen Allianz das Vertrauen Konstantinopels in Rom gemindert haben.[20]

2.3 Spannungen 1053/54

Zu dieser Zeit, etwa im Frühjahr 1053, kam es zu einem Eklat in Konstantinopel. Der Patriarch Michael Kerullarios, welcher seit 1043 im Amt war[21], ließ alle lateinischen Kirchen/Klöster in der Stadt schließen. Er begründete dies damit, dass bei der Eucharistie der Westkirche ungesäuertes Brot, sogenanntes Azymen, als Opfergabe verwendet wurde. Weitere Anstoßpunkte für den Patriarchen waren der Taufritus, sowie die Tatsache, dass die lateinischen Mönche keine Bärte trugen. Im Zuge dieser Anfeindungen soll es zu Altarschändungen, auch durch hohe Beamte, gekommen sein. Zudem sollten alle Mönche Konstantinopel verlassen, welche nicht den griechischen Glaubensritus übernehmen.[22]

Etwa zeitgleich erhielt Johannes (Erzbischof vom byzantinischen Trani) vom griechischen Erzbischof Leon von Ochrid einen Streitbrief, welcher an alle westlichen Würdenträger, inklusive Papst, weitergeleitet werden sollte und welcher ebenfalls die religiösen Riten der lateinischen Kirche heftig angriff. Ähnlich wie Michael Kerullarios in Konstantinopel prangerte Leon die Verwendung von Azymon in der Eucharistie an. Zudem bemängelte er das Fasten an Samstagen während der Fastenzeit. Insgesamt sah er die westliche Kirche dem Judentum sehr ähnlich und bezeichnete sie daher als keine reinen Christen. Zum ‚Problem' wurde diese Streitschrift mit der Übersetzung von Humbert von Silva Candida aus dem Griechischen in Latein. Er fügte zu Leon auch den Patriarchen Kerullarios als Absender hinzu.[23] Dies führte in letzter Konsequenz zur Absendung einer römischen Delegation

---

[19] Bayer, Axel: Spaltung der Christenheit. Das sogenannte Morgenländische Schisma von 1054. Beihefte zum Archiv für Kulturgeschichte Heft 53. Köln 2002. Seite 59

[20] Vgl.: ebenda S.57-62

[21] https://villingen-schwenningen.brockhaus.de/brockhaus/michael-kerullarios-patriarch-von-konstantinopel-1043%E2%80%9358 (01.05.2016)

[22] Vgl.: Bayer, Axel: Spaltung der Christenheit. Das sogenannte Morgenländische Schisma von 1054. Beihefte zum Archiv für Kulturgeschichte Heft 53. Köln 2002. Seite 63/64

[23] Vgl.: ebenda S.64/65

unter der Führung von Humbert nach Konstantinopel durch Papst Leo IX., um die militärische Zusammenarbeit gegen die Normannen nicht zu gefährden. Der Frieden zwischen den beiden Kirchen war für den byzantinischen Kaiser Konstantin IX. Bedingung für eben diese Kooperation.[24] Dieser war jedoch durch die Machtansprüche Leos schier unerreichbar. Er beanspruchte für die römische Kirche die Unfehlbarkeit sowie die Herrschaft über alle Christen, basierend auf der Nachfolge von Petrus. Allein dadurch soll dem Bischof von Rom (→ dem Papst) alle Macht gegeben sein. Leo IX. vertrat jedoch bis zu der Streitschrift diese Meinung nicht öffentlich, sondern „duldete die griechische Kirchenordnung".[25] Vor dem Entsenden der Delegation nach Konstantinopel, welche die Ultima Ratio war, versuchten Leo und Kerullarios noch per Briefwechsel eine Einigung zu erlangen. Dies scheiterte jedoch an der Unnachgiebigkeit beider Parteien in wichtigen Punkten, wie den Einfluss von Rom auf Konstantinopel oder den Eucharistieriten. Hier war Kerullarios weiterhin auf eine Gleichstellung mit Rom aus, während Leo seinen Primatsansprüchen Geltung machen versuchte. Als durch weitere Briefe aus Konstantinopel klar wurde, dass es zu keiner einfachen Lösung kommen wird, entschloss sich Leo, die Delegation zu entsenden.[26]

2.4 Die römische Delegation in Konstantinopel

Die Delegation bestand aus drei Personen: dem Kardinal Humbert von Silva Candida, welcher für die fälschliche Übersetzung des Streitbriefs verantwortlich und ein überzeugter Vertreter des päpstlichen Primatanspruchs war, dem Kanzler der römischen Kirche, Friedrich von Lothringen, ebenfalls ein enger Vertrauter des Papstes sowie den eher Byzanz-nahen Erzbischof Petrus von Amalfi.[27] Die Drei wurden zunächst mit höchsten Ehren von Kaiser Konstantin empfangen. Jedoch kam es schon bald zu dem ersten Eklat. Beim Aufeinandertreffen der Delegierten mit dem Patriarchen Kerullarios waren diese mit der Sitzordnung nicht einverstanden, sie wollten nicht auf den regulären Plätzen für Gesandte in der Synode platznehmen. Daraufhin brach der Patriarch den Kontakt zu der Delegation ab und weigerte sich auch im Folgenden mit ihnen in Kontakt zu treten.[28] Aufgrund dessen hielten die Delegierten mehrere Treffen mit Kaiser Konstantin ab, jedoch wurden die Gespräche kaiserlicherseits nur aufgrund der Allianz gegen die Normannen aufrechterhalten. Außerdem gelang es ihnen, mit Hilfe Konstantins, den Mönch Niketas, welcher ebenfalls eine Streitschrift verfasste,

---

[24] Vgl.: http://www.spiegel.de/spiegel/spiegelgeschichte/d-87462405.html und http://www.katholisch.de/aktuelles/dossiers/okumene-was-verbindet-was-trennt/streit-zwischen-ost-und-west (01.05.2016)
[25] Bayer, Axel: Spaltung der Christenheit. Das sogenannte Morgenländische Schisma von 1054. Beihefte zum Archiv für Kulturgeschichte Heft 53. Köln 2002. Seite 75
[26] Vgl.: ebenda S.72-80
[27] Vgl.: ebenda S.80/81
[28] Vgl.: Bayer, Axel: Das sogenannte Schisma von 1054. In: Bruns, Peter; Gresser, Georg(Hrsg.): Vom Schisma zu den Kreuzzügen. 1054-1204. Paderborn 2005. Seite 33

welche der Leons von Ochrid ähnelte, dazu zu überzeugen, die westliche Glaubensauslegung anzunehmen.[29] Dies war jedoch der einzige Teilerfolg den Humbert feiern konnte. Bei Patriarch Kerullarios und anderen orthodoxen Würdenträgern stieß er mit seiner fordernden Haltung auf durchgehende Abneigung.[30]

2.5 Die gegenseitigen Bannsprüche

Als die päpstliche Delegation erkennen musste, dass sie nichts erreichen werden, legten sie am Morgen des 7.Juli 1054 in der Hagia Sophia eine Bannbulle gegen Patriarch Kerullarios sowie dessen engsten Gefolgsleute aus. Der Kaiser und das normale Volk Konstantinopels wurden explizit vom Bannspruch ausgenommen. In der Bulle bezichtigt Humbert den Patriarchen, dass er den Titel „ökumenischer Patriarch" zu Unrecht trägt sowie etlicher falscher Glaubensauffassungen, welche jedoch hauptsächlich alte Streitpunkte wieder aufgriffen.[31] Obwohl die Exkommunion nur gegen Kerullarios und seine engsten Vertrauten gerichtet war, wurde mit ihr indirekt die ganze griechisch-orthodoxe Kirche dem falschen Glauben bezichtigt. Die Publikation der Bannschrift war eine der letzten Handlungen der Delegation in Konstantinopel, sie reisten zwei Tage später, in Freundschaft mit Kaiser Konstantin, wieder ab.[32]

Um die Beziehung zwischen den Delegierten und Kerullarios stand es indes nicht sehr gut. Er ließ nach Erhalt der Bannbulle die schon Abgereisten wieder nach Konstantinopel zurück beordern. Der Patriarch berief zusätzlich eine Synode ein, vor welcher die Delegierten mit ihm sprechen durften. Dies empfanden Humbert und seine Folgschaft als Provokation und reisten postwendend wieder ab. Durch Unwahrheiten zum Inhalt der Bannbulle, welche von Kerullarios verbreitet wurden, sah sich Kaiser Konstantin gezwungen, eine erneute Synode mit der Gegenbannung zu beauftragen. Die am 21.Juli 1054 zusammengetretene Synode beschloss, alle diejenigen zu exkommunizieren, welche in irgendeiner Weise zum Zustandekommen der Bannbulle beigetragen haben. Auf Grund des Todes Leos IX. zwei Tage zuvor wurde von einer Verbannung des ehemaligen Papstes abgesehen, als Auftraggeber der Delegierten wurde Argyros dargestellt. Diese Verbannung hatte jedoch machtpolitische Gründe, da Argyros als Gefahr für das byzantinische Territorium in Süditalien gesehen wurde.

---

[29] Vgl.: Bayer, Axel: Spaltung der Christenheit. Das sogenannte Morgenländische Schisma von 1054. Beihefte zum Archiv für Kulturgeschichte Heft 53. Köln 2002. Seite 90-93
[30] Vgl.: http://www.spiegel.de/spiegel/spiegelgeschichte/d-87462405.html (01.05.2016)
[31] Vgl.: ebenda, sowie http://downloads.bistummainz.de/22/2143/1/9716765518858149412.pdf (01.05.2016) und http://www.katholisch.de/aktuelles/dossiers/okumene-was-verbindet-was-trennt/streit-zwischen-ost-und-west (01.05.2016)
[32] Vgl.: Bayer, Axel: Spaltung der Christenheit. Das sogenannte Morgenländische Schisma von 1054. Beihefte zum Archiv für Kulturgeschichte Heft 53. Köln 2002. Seite 98

Auffallend bei beiden Bannsprüchen ist, dass jeweils nicht die gesamte andere Kirche des Unrechts bezichtigt wurde, sondern nur einzelne Personen. Allerdings waren bei beiden Bannungen Vorwürfe enthalten, welche sich gegen die gesamte Kirche stellten. Daher war danach ein Koexistieren in kirchlicher Gemeinschaft nicht mehr möglich.[33]

3. Auswirkungen auf Griechenland

Die Orthodoxie ist bis heute in Griechenland die einflussreichste Religion. Etwa 97% der Bevölkerung gehört diesem Glauben an. Die Orthodoxie ist damit die offizielle Staatskirche. Der römisch-katholische Glaube ist in Griechenland sehr unbedeutend. Nur etwa 58.000 Menschen sind gläubige Katholiken, das entspricht etwa 0,5% der Geamtbevölkerung. Damit ist sie sogar kleiner als die muslimische Gemeinde in der Grenznähe zur Türkei (etwa 150.000 Zugehörige).[34] Die heutige Popularität lässt sich aber nicht auf das Schisma zurückführen. Sie war Identifikationspunkt für die Griechen während der Besatzungszeit durch die Türken (1453-1830) und festigte sich so in Abneigung zum Islam.[35]

In Konstantinopel, dem heutigen Istanbul, ist bis heute der Sitz des ökumenischen Patriarchen. Jedoch ist dort heute der Großteil der Einwohner muslimischen Glaubens (~80%). Es existiert dort aber durchaus eine griechisch-orthodoxe Minderheit, zusammen mit syrisch-orthodoxen Aramäern und armenischen Christen.[36] Jedoch wurde der Sitz des Patriarchen aus der Hagia Sophia in die Georgioskirche verlegt, als die Hagia Sophia zur Moschee umfunktioniert wurde. Die Aufgaben des ökumenischen Patriarchen liegen heute hauptsächlich in der Organisation zwischen den verschiedenen Orthodoxen Kirchen und nimmt in etwa die Rolle des katholischen Papstes ein.[37] Zudem unterstehen ihm einige Teile des griechisch-orthodoxen Einflussbereiches, wie beispielsweise das Erzbistum Kreta, die Kirchen auf dem Berg Athos und alle griechisch-orthodoxen Bistümer außerhalb Griechenlands, darunter auch die etwa 400.000 Gläubige starke Gemeinde in Deutschland. Damit bildet „die Stadt" bis heute noch einen wichtigen Mittelpunkt im Leben der Griechen. Gegenwärtig

---

[33] Vgl.: Bayer, Axel: Spaltung der Christenheit. Das sogenannte Morgenländische Schisma von 1054. Beihefte zum Archiv für Kulturgeschichte Heft 53. Köln 2002. Seite 101-105

[34] Vgl.: Emrich, Ulrike: Griechenland. Religion. In: Gaede, Peter-Matthias: GEO Themenlexikon. Unsere Erde. Länder, Völker Kulturen. Band 1. Mannheim 2006.

[35] Vgl.: Emrich, Ulrike: griechisch-orthodoxe Kirche. In: Gaede, Peter-Matthias: GEO Themenlexikon. Religionen. Glauben, Rieten, Heilige. Band 15. Mannheim 2007.

[36] Vgl.: http://istanbul-tourist-information.com/wissenswertes-uber-istanbul/wissenswertes-uber-istanbul (08.05.16)

[37] Vgl.: http://www.orthodoxie.net/fileadmin/Downloads/pdf/Das_%C3%96kumenische_Patriarchat.pdf (08.05.16)

ist Bartholomaios I. im Amt.[38] Oberhaupt der griechisch-orthodoxen Kirche an sich ist der „Erzbischof von Athen und ganz Griechenland", momentan bekleidet die Position Hieronymos II..[39]

4. Annährung der Kirchen in der näheren Vergangenheit

4.1 Fehlgeschlagene Annäherungsversuche

Nachdem 1202-1204 während des vierten Kreuzzuges große Teile Konstantinopels von den Lateinern ausgeraubt und geplündert wurden, obwohl der damalige Papst Innozenz III. die Wiedervereinigung anstrebte, wurde im ehemaligen Byzanz das Lateinische Kaiserreich errichtet. Man erhoffte sich so den Einfluss der katholischen Kirche in den Gebieten um Griechenland zu erhöhen.[40] Dass das kurz darauf folgende vierte Konzil in Lateran (1215) scheiterte, lag hauptsächlich daran, dass die westliche Kirche an keiner Einigung interessiert war, sich selbst im Recht sah sowie inzwischen nicht einmal der Meinung war, dass die einfachen Gläubigen rechtgläubig waren. Dies stellte eine Verhärtung der Positionen von 1054 dar. Bei zwei weiteren Konzilen in Lyon (1245 und 1274) kam es trotz Aussprachen zum Thema Schisma zu keiner Annäherungen, auch weil keine der beiden Parteien diese ernsthaft anstrebte.[41]

Auf dem Konzil in Basel und Ferrara-Florenz wurde ein Beschluss zwischen den beiden Teilkirchen (römisch-katholisch und griechisch-orthodox) angenommen. Diese sogenannte Unionsbulle wurde von dem Großteil der anwesenden Bischöfe beider Kirchen unterschrieben und am nächsten Tag die Kirchenunion verkündet. Als die orthodoxen Bischöfe am Abend enttäuscht abreisten, da Kaiser Johannes VII. von den Lateinern dazu gedrängt wurde, nicht an einer griechischen Messe teilzunehmen, widerriefen alle unter Druck der enttäuschten Bevölkerung Konstantinopels die Unionsbulle.[42]

4.2 Zweites Vatikanisches Konzil und Besuch des Patriarchen Athenagoras

Während des Zweiten Vatikanischen Konzils kam es in Jerusalem zu einem ersten bedeutendem Aufeinandertreffen: Papst Paul VI. empfing den ökumenischen Patriarchen Athenagoras. In dem 20-minütigem Gespräch, das erste seit etwa fünf Jahrhunderten (nach dem Konzil in Ferrara-Florenz), wurde sich gegenseitig auf die Gemeinsamkeiten der Kirchen besonnen.[43] Im Laufe des Jahres

---

[38] Vgl.: https://villingen-schwenningen.brockhaus.de/brockhaus/%C3%B6kumenischer-patriarch (08.05.16)

[39] Vgl.: https://villingen-schwenningen.brockhaus.de/brockhaus/griechisch-orthodoxe-kirche-von-athen-und-hellas (08.05.16)

[40] Vgl.: http://www.welt.de/kultur/history/article13500427/Europa-hat-die-Griechen-schon-einmal-ruiniert.html (08.05.16)

[41] Vgl.: Frenken, Ansgar: Wege zur Überwindung der Kirchenspaltung. Der Nachhall des „Schismas" von 1054 und der Eroberung Konstantinopels 1204 auf den allgemeinen Konzilien des Spätmittelalters. In: In: Bruns, Peter; Gresser, Georg(Hrsg.): Vom Schisma zu den Kreuzzügen. 1054-1204. Paderborn 2005. Seite 75/77/82

[42] Vgl.: ebenda S.85; 88-90

[43] Vgl.: http://www.spiegel.de/spiegel/print/d-46162710.html (08.05.16)

verabschiedete das Vatikanische Konzil ein Dekret, welches die Ostkirchen als eigenständige Teilkirche anerkennt und ihnen erlaubt, nach eigenen Riten den Gottesdienst zu feiern. Zudem wird auf eine Einigung gepocht: *„Bis dahin aber werden alle Christen, die des Ostens und die des Westens, inständig gebeten, glühende und ausdauernde, ja tägliche Gebete an Gott zu richten, auf dass mit der Hilfe der hochheiligen Gottesgebärerin alle eins werden."*[44]

In diesem Zeitraum hoben jeweils Papst Paul VI. und Patriarch Athenagoras die gegenseitige Exkommunikation auf. Damit sind die letzten Hindernisse auf dem Weg zur Kircheneinheit, unter anderem die immer noch unterschiedlichen Ansichten zum Primat des Papstes sowie die Ablehnung gegenüber der Errichtung römisch-katholischer Strukturen in orthodoxen Gebieten.[45]

4.3 Kuba – Franziskus und Kyrill treffen sich

Nach dem Treffen Pauls mit Athenagoras ist das Treffen auf Kuba das erste mit einem Patriarchen der russisch-orthodoxen Kirche. Das Treffen fand auf neutralem Boden, am Flughafen von Havanna, statt und wurde von beiden Seiten überaus positiv aufgenommen: „Wir sind Brüder, endlich"[46] ließ sich Papst Franziskus zitieren, während Kyrill von einer „Vereinfachung der Dinge"[47] sprach. Das Gespräch soll eine gute Grundlage für weitere Gespräche gewesen sein. So machten beide ihre Standpunkte dem anderen verständlich. Dies kann ein Vorteil sein, wenn es im Juni auf Kreta zu einem gemeinsamen Treffen aller orthodoxen Kirchen kommen wird. In der gemeinsam verfassten Erklärung betonten die beiden, dass die beiden Konfessionen nicht in Rivalität zueinander stehen, sondern Geschwister seien. [48]

Weitere Gemeinsamkeiten fanden sich bei der Sorge um verfolgte Christen, besonders im Nahen Osten und Nordafrika. Außerdem bekräftigten sie den Wert der Religionsfreiheit und lobten die durch religiöse Organisationen „karitativen und sozialen Aktivitäten"[49] Letztendlich forderten sie, dass Europa sich auf seine christlichen Wurzeln zurück besinnen muss, um die Tradition zu wahren.

---

[44] Zitat und vgl.: http://www.vatican.va/archive/hist_councils/ii_vatican_council/documents/vat-ii_decree_19641121_orientalium-ecclesiarum_ge.html (08.05.16)

[45] Vgl.: http://downloads.bistummainz.de/22/2143/1/97167655188588149412.pdf (08.05.16)

[46] http://www.welt.de/politik/ausland/article152193382/Papst-nennt-Patriarchen-seinen-Bruder.html (08.05.16)

[47] ebenda

[48] Vgl.: ebenda und http://www.spiegel.de/panorama/gesellschaft/papst-trifft-russisch-orthodoxen-patriarchen-in-kuba-a-1077222.html (08.05.16)

[49] http://de.radiovaticana.va/news/2016/02/12/im_wortlaut_gemeinsame_erkl%C3%A4rung_von_franziskus_und_kyrill/1208118 (08.05.16)

Hier wird auch noch eindringlich auf die Einheit der Kirche in der Ukraine geworben.[50] Dies ist besonders bemerkenswert, da Kyrill als Putin-treu gilt.[51]

5. Fazit

Abschließend ist zu sagen, dass ich aufgrund meiner Recherche nicht der Meinung bin, dass die katholische und orthodoxe Kirche sich jemals wieder vereinigen. Dafür sind meiner Meinung nach die Wunden, auch diejenigen die nach dem Schisma entstanden, wie zum Beispiel die Plünderung Konstantinopels im Jahr 1204, viel zu groß. Das Treffen auf Kuba zwischen Franziskus und Kyrill wird meiner Meinung nach schon zu einer Annäherung zwischen den beiden Kirchen sorgen, zu einer Einigung wird es aber keineswegs kommen. An die Annäherung der gesamten orthodoxen Kirche, nicht nur der russisch-orthodoxen, glaube ich aufgrund des im Sommer stattfindenden ökumenischen Treffens auf Kreta.

Die Einigung wird auch deshalb scheitern, weil sich seit dem Schisma in beiden Kirchen ganz eigene Riten ausgeprägt haben. So wird das Fasten in der orthodoxen Kirche heute noch viel strenger und zudem viel häufiger durchgeführt. Auch in den anderen Streitpunkten, wie Priesterehe oder der Eucharistie, folgen die Riten heute noch weitgehend den Vorbildern aus der alten Zeit.

Die Zusammenarbeit der Kirchen finde ich aber in der heutigen Zeit sehr wichtig, da sie gemeinsam noch mehr eine moralische Macht sind als alleine und so im Machtgleichgewicht der Welt, trotz schrumpfender Folgschaft, einen größeren Einfluss nehmen können.

---

[50] Vgl.: ebenda
[51] Vgl.: http://www.spiegel.de/panorama/gesellschaft/papst-trifft-russisch-orthodoxen-patriarchen-in-kuba-a-1077222.html (08.05.16)

6. Literaturverzeichnis

6.1 Bücher

Bayer, Axel: Das sogenannte Schisma von 1054. In: Bruns, Peter; Gresser, Georg(Hrsg.): Vom Schisma zu den Kreuzzügen. 1054-1204. Paderborn 2005

Bayer, Axel: Spaltung der Christenheit. Das sogenannte Morgenländische Schisma von 1054. Beihefte zum Archiv für Kulturgeschichte Heft 53. Köln 2002.

Emrich, Ulrike: Griechenland. Religion. In: Gaede, Peter-Matthias: GEO Themenlexikon. Unsere Erde. Länder, Völker Kulturen. Band 1. Mannheim 2006.

Emrich, Ulrike: griechisch-orthodoxe Kirche. In: Gaede, Peter-Matthias: GEO Themenlexikon. Religionen. Glauben, Rieten, Heilige. Band 15. Mannheim 2007.

Fischer, Helmut: Christentum. DuMont Schnellkurs. Band 525. Köln 2001.

Frenken, Ansgar: Wege zur Überwindung der Kirchenspaltung. Der Nachhall des „Schismas" von 1054 und der Eroberung Konstantinopels 1204 auf den allgemeinen Konzilien des Spätmittelalters. In: In: Bruns, Peter; Gresser, Georg(Hrsg.): Vom Schisma zu den Kreuzzügen. 1054-1204. Paderborn 2005.

6.2 Internetquellen

http://de.radiovaticana.va/news/2016/02/12/im_wortlaut_gemeinsame_erkl%C3%A4rung_von_franziskus_und_kyrill/1208118 (08.05.16)

http://downloads.bistummainz.de/22/2143/1/97167655188588149412.pdf (08.05.2016)

http://istanbul-tourist-information.com/wissenswertes-uber-istanbul/wissenswertes-uber-istanbul (08.05.16)

http://www.katholisch.de/aktuelles/dossiers/okumene-was-verbindet-was-trennt/streit-zwischen-ost-und-west (01.05.2016)

http://www.orthodoxie.net/fileadmin/Downloads/pdf/Das_%C3%96kumenische_Patriarchat.pdf (08.05.16)

http://www.spiegel.de/panorama/gesellschaft/papst-trifft-russisch-orthodoxen-patriarchen-in-kuba-a-1077222.html (08.05.16)

http://www.spiegel.de/spiegel/print/d-46162710.html (08.05.16)

http://www.spiegel.de/spiegel/spiegelgeschichte/d-87462405.html (01.05.2016)

http://www.vatican.va/archive/hist_councils/ii_vatican_council/documents/vat-ii_decree_19641121_orientalium-ecclesiarum_ge.html (08.05.16)

http://www.welt.de/kultur/history/article13500427/Europa-hat-die-Griechen-schon-einmal-ruiniert.html (08.05.16)

http://www.welt.de/politik/ausland/article152193382/Papst-nennt-Patriarchen-seinen-Bruder.html (08.05.16)

http://www.zeit.de/gesellschaft/zeitgeschehen/2016-02/havanna-papst-franziskus-russisch-orthodoxe-kirche-kirill (01.05.2016)

https://villingen-schwenningen.brockhaus.de/brockhaus/%C3%B6kumenischer-patriarch (08.05.16)

https://villingen-schwenningen.brockhaus.de/brockhaus/griechisch-orthodoxe-kirche-von-athen-und-hellas (08.05.16)

https://villingen-schwenningen.brockhaus.de/brockhaus/michael-kerullarios-patriarch-von-konstantinopel-1043%E2%80%9358 (01.05.2016)

https://villingen-schwenningen.brockhaus.de/brockhaus/photios (01.05.2016)

BEI GRIN MACHT SICH IHR
WISSEN BEZAHLT

- Wir veröffentlichen Ihre Hausarbeit,
  Bachelor- und Masterarbeit

- Ihr eigenes eBook und Buch -
  weltweit in allen wichtigen Shops

- Verdienen Sie an jedem Verkauf

Jetzt bei www.GRIN.com hochladen
und kostenlos publizieren